AF257740

LES ARABES

DANS

L'AFRIQUE CENTRALE

PAR

Adolphe BURDO

MEMBRE DE LA SOCIÉTÉ DE GÉOGRAPHIE DE PARIS
EXPLORATEUR EN AFRIQUE CENTRALE, AU NIGER, AU BÉNUÉ
ET DE ZANZIBAR A LA RÉGION DES GRANDS LACS

PARIS

E. DENTU, LIBRAIRE-ÉDITEUR

PALAIS-ROYAL, 15-17-19, GALERIE D'ORLÉANS

—

1883

PRÉFACE

Au moment où les Puissances européennes se réunissent à la Conférence de Berlin pour étudier et tâcher de résoudre quelques-unes des grandes questions africaines, il nous a semblé utile de mettre en lumière un très-intéressant travail d'un explorateur africain, M. Adolphe Burdo, qui par deux fois déjà a vaillamment affronté le Noir Continent, et dont les ouvrages ont obtenu un si légitime succès.

Dans cette étude, M. Burdo a traité avec une ampleur de vue remarquable une question dont peu de voyageurs se sont préoccupés jusqu'à ce jour, et qui semble appelée cependant à une importance considérable : c'est le rôle des Arabes envisagés comme précurseurs, agents ou alliés de l'Européen dans la grande œuvre de civilisation en Afrique.

Ces idées neuves, clairement exposées et défendues de main de maître, rencontreront un accueil chaleureux auprès de tous ceux qui s'intéressent à la grandeur, à l'avenir, au développement et à la prospérité de nos Colonies Françaises.

L'Éditeur.

LES ARABES

DANS

L'AFRIQUE CENTRALE

CHAPITRE I

Les Arabes. — Leur marche envahissante en Afrique.
Leurs caractères généraux. — L'Arabe et l'Anglais.

Un des plus puissants moteurs de la civilisation à travers le pays des nègres, comme aussi le plus injustement calomnié peut-être, c'est l'Arabe, qui, du nord au sud, de l'est à l'ouest, rayonne partout, étendant sa main géante sur les tribus les plus barbares : redoutable génie qu'on feint de méconnaître, par la force latente, patiente, tenace de son infatigable travail, il a conquis la majeure partie de l'Afrique inconnue.

Sans programme, sans but peut-être, sans appui comme sans direction, l'Arabe s'est installé là-bas en maître et seigneur, à la barbe des nations civilisées, qui, malgré leurs efforts, leur science et les moyens dont elles disposent, ne parviennent à pénétrer dans le Mystérieux Continent qu'au prix des plus grands sacrifices, et, jusqu'à présent, semblent impuissantes à s'y maintenir.

La domination arabe dans cette portion de l'Afrique, c'est le triomphe du pionner en marche sur le penseur de cabinet, c'est la victoire du commerce qui est un fait, sur la civilisation qui est une idée ; car la civilisation, entendue comme elle le doit être, est la réunion de tous ces rouages admirables qu'on appelle le commerce, l'industrie, le développement du bien-être et le travail de la pensée. Or, l'Africain est loin de comprendre ce programme et de donner prise à sa réalisation.

C'est ce dont l'Arabe s'est rendu compte ; et, sans s'attarder aux conceptions et aux rêves, il a débuté par faire du commerce avec le nègre, comme on débute par offrir un appât à l'oiseau : plus tard on lui apprendra à chanter s'il en est capable ; on le mangera s'il n'est bon qu'à être mangé. C'était logique comme idée, ce fut pratique comme résultat.

Pour nous, nations civilisées, il nous manque la patience nécessaire à l'accomplissement de ces grands problèmes, sorte d'endosmose morale ; nous voulons voir la fin de nos efforts, en profiter, en jouir vite ; nous prétendons édifier les œuvres les plus colossales en une seule génération, sous un seul règne. Alors, nous employons les grands ou les petits moyens : les grands, c'est la destruction de toute une race, comme firent les Anglo-Saxons avec les sauvages de l'Australie ; les petits, c'est la géographie de cabinet, c'est prétendre conquérir un monde avec des idées, c'est vouloir ouvrir un continent barbare avec des formules.

Les deux sont mauvais : l'un n'est pas digne d'un peuple civilisé, l'autre n'est pas le fait d'une époque pratique. Entre ces deux courants, l'Arabe reste debout, et seul il triomphe, car seul il a été tout à la fois et conquérant et travailleur.

Aussi, son pouvoir est-il grand, beaucoup plus grand qu'on ne se l'imagine ; car si l'Arabe du Nord de l'Afrique a déjà démontré sa puissance, sa ténacité, sa valeur, celui de l'Afrique centrale nous réserve à cet égard bien d'autres étonnements. Loin donc de s'évertuer à combattre cette force indiscutable, l'Europe civilisée ne ferait-elle pas preuve de sagesse en se servant, au contraire, de l'influence arabe comme d'un levier puissant dans l'œuvre qu'on tente là-bas ?

Je disais plus haut qu'une des assises de la puissance des Arabes en Afrique c'est la simultanéité de leurs efforts. En effet, tels je les ai étudiés au Sénégal, au Niger, au Bénué (1), tels ils sont à Alger, tels je les ai rencontrés à Zanzibar et au centre du Noir Continent; mais cette homogénéité est le résultat de leur seule nature : ces hommes ne se sont jamais vus, ils ne se verront jamais, ils n'ont reçu aucun mot d'ordre, nulle tête dirigeante, nul cabinet ne fait mouvoir les fils qui les conduisent, et pourtant tous ils pensent, parlent, agissent comme s'ils obéissaient à une même idée. Chacun travaille et amasse pour soi, et cependant de ces milliers d'intérêts privés se dégage une puissance compacte, homogène, qui semble marcher vers un seul et même but. On dirait d'une immense franc-maçonnerie aux mains de quelque Jéhovah pour qui le temps n'est rien.

L'invasion arabe en Afrique présente, je l'ai dit, ce curieux phénomène d'une sorte d'endosmose morale : en effet, à part quelques tribus qu'ils ont dû soumettre par le fer et le feu, à part les drames de l'esclavage qui ont été sérieusement exagérés et dont je démontrerai plus loin le caractère spécial, l'Arabe semble s'être installé au milieu des indigènes plutôt par sympathie, par assimilation que par force et violence. Cela est surtout vrai pour la côte orientale, pour le Zanguebar et pour la partie de l'Afrique centrale qui comprend la région des Grands Lacs.

Ces contrées peuvent être considérées comme voisines de la Péninsule arabique, et il est évident que, dès la plus haute antiquité, l'infiltration de sang nègre s'est répandue dans les populations arabes au point d'en changer presque complètement la race. Dans plusieurs textes égyptiens il est déjà question des *nègres du pays de Poun,* c'est-à-dire du Yémen, ancienne dénomination de l'Arabie primitive ; et le héros romanesque de l'Arabie, Antar, était par sa mère un mulâtre. Ce croisement des races a naturellement facilité l'établissement des Arabes dans les régions africaines les plus éloignées et les plus barbares.

Enfin, leur doctrine, leurs us et coutumes les mirent

(1) *Niger et Bénué,* par Adolphe Burdo. E. Plon et C°, éditeurs à Paris.

d'emblée en communauté d'idées avec l'Africain. Etant donné le caractère idéaliste des religions chrétiennes, toutes d'abnégation, de renoncement et de sacrifice, il est évident que notre morale religieuse devait être repoussée *à priori* par le sauvage, dont elle blesse à la fois et les appétits grossiers et l'étroit cerveau. La loi de Mahomet, au contraire, renferme précisément ce qu'il faut pour captiver l'imagination d'un peuple primitif, en même temps qu'elle flatte ses goûts et ses instincts ; déjà, chez le nègre, la polygamie est un honneur, la violence un droit, l'esclavage une loi ; les Arabes n'eurent donc à lutter que contre certaines tendances, contre certains détails de mœurs dont ils triomphèrent aisément.

La raison du plus fort, le rang social de la femme, la procréation multiple, le fanatisme religieux et guerrier furent autant de points de contact où l'Africain se reconnut lorsqu'il fraya avec l'Arabe ; de là ce commerce facile qui s'est rapidement établi entre les descendants du Prophète et les peuplades païennes de l'Afrique centrale. Celles-ci n'ont pas tardé pour la plupart à adopter les mœurs et la doctrine des Arabes, en sorte qu'aujourd'hui, dans maintes régions du centre, c'est la religion musulmane qui domine.

« Les choses que j'aime le plus au monde, disait Maho-
» met, ce sont les femmes et les parfums. »

Ce qui n'empêchait pas le farouche serviteur d'Allah de se battre comme un lion, de répandre partout des flots de sang, priant sans cesse et dormant à cru sur son cheval. Comme lui, le nègre nous apparaît parfois mou et efféminé ; que si toutefois l'heure du combat vient à sonner, comme lui aussi il s'élancera au-devant de la mort avec impétuosité, fanatisme et fureur plutôt qu'avec sang-froid, bravoure et courage réels.

Abandonnant ces points généraux, examinons à présent quel est, dans la partie de l'Afrique qui nous occupe spécialement, le degré de puissance des Arabes et à quoi se réduit malheureusement le rôle qu'ils y jouent.

A la côte, ils sont tout-puissants, moralement parlant. De Zanzibar, leur autorité rayonne sur tout le littoral, et, s'ils le voulaient, — disons s'ils l'osaient, — ils implanteraient rapidement leur domination jusqu'au cœur de l'Afrique.

Pourquoi ne le font-ils pas ? Est-ce parce qu'ils trouvent plus aisé de se répandre dans l'intérieur grâce au commerce de leurs caravanes et que, se contentant de ce trafic, ils dédaignent et repoussent tout esprit de conquête ? Non, certes ; car plusieurs tribus, celles de Mirambo entre autres, sont en lutte ouverte avec eux ; elles leur causent impunément les plus grands dommages et enrayent la majeure partie de leurs efforts ; il serait même à souhaiter pour nous que les Arabes prissent les armes contre ces bandits. D'où vient donc cette étrange apathie si contraire à leur nature, à leur caractère envahisseur ?

Il faut chercher plus loin, il faut voir au-delà, comme je l'ai dit précédemment ; et dans ce désintéressement forcé on trouvera la pression étrangère, la main d'une puissante nation civilisée qui a braqué ses canons devant Saïd-Bargash, et chaque jour ces canons répètent au pauvre Sultan : *Non plus oultre !...*

L'Angleterre ne veut pas que les Arabes s'implantent dans cette partie de l'Afrique centrale, qu'elle considère peut-être comme devant lui appartenir un jour ; de là ce peu d'empressement qu'elle témoigne, voire cette force de résistance qu'elle oppose au développement de la puissance musulmane dans l'intérieur du noir continent ; de là aussi, dans les sphères officielles de Zanzibar, cette absence complète de courroux contre les chefs indigènes qui pillent, saccagent, incendient parfois les établissements arabes de l'intérieur ; Saïd-Bargash, malgré son bon vouloir, ne peut aider, défendre ou venger ses fidèles : il doit se courber ou se taire. Certes, lorsque Mirambo, Simba, le Nioungou commettent quelque retentissant méfait, lorsqu'ils assassinent trop ouvertement l'un ou l'autre Blanc, on les désavoue ; mais, en fait, ces bandits servent admirablement la politique que l'on poursuit à Zanzibar, et qui a pour but l'abaissement de la puissance arabe.

Eh bien, je n'hésite pas à le déclarer, c'est là une politique souverainement déplorable. Elle est déplorable au point de vue humanitaire, car elle paralyse les vrais, les seuls moyens de répression contre d'affreux bandits ; elle est déplorable au point de vue des intérêts de l'Europe entière en Afrique, car elle stérilise par son action dissolvante tous les généreux efforts que l'on tente pour ouvrir à la civilisation ce continent barbare.

Si nous ne prenons pas l'Arabe comme notre allié dans cette tâche difficile, fatalement nous serons voués à l'impuissance ; lui seul peut nous aider, nous diriger, nous secourir au besoin ; lui seul, à un moment donné, pourra lever une armée d'hommes aguerris, acclimatés, connaissant les ruses des nègres et la manière de les combattre ; lui seul, grâce à cette force réelle, sera à même de protéger efficacement nos stations commerciales et hospitalières contre les appétits pillards des chefs indigènes.

Et, si on le voulait sincèrement, l'Arabe n'hésiterait pas à nous prêter cet appui. A Taborah, résidence d'un Gouverneur arabe, consul de Saïd-Bargash, à Taborah, où les Arabes ont établi le quartier général de leur trafic de l'intérieur, nous trouverions des alliés énergiques, braves, dévoués, qui tiendraient hautement en échec Mirambo et ses bandes, si certaines rivalités entre nations civilisées n'avaient semé là-bas un ferment de discorde, au point d'encourager les chefs indigènes dans une incompréhensible hostilité. Conclure une alliance effective avec les Arabes de Taborah, ce serait créer un centre d'action militaire au cœur même de l'Afrique ; et la puissance européenne ne tarderait pas à rayonner jusqu'au-delà du lac Tanganyka, si pour l'y porter elle avait le concours des armes des Arabes.

CHAPITRE II

Religion. — Esclavage.

Mais ici une autre difficulté se présente : l'alliance de l'Europe civilisée avec la puissance arabe en Afrique nous imposerait, dans le principe, une complète abstention pour tout ce qui a trait à l'évangélisation des nègres.

Sur ce chapitre, l'Arabe ne transige pas : si l'Européen voyageur laisse entrevoir dans les efforts qu'il tente là-bas un but de propagande religieuse, il est perdu, et il ne peut compter sur aucune protection des Arabes. Les exemples en sont nombreux.

Au début de l'année 1880 des missionnaires algériens annoncèrent imprudemment, en arrivant à Taborah, qu'ils avaient pour mission de travailler au triomphe de la religion du Christ; sur leurs étendards brillait la croix, qu'ils opposaient ouvertement au règne du croissant. Dès lors leur échec fut certain. Le Gouverneur de Taborah, toujours si bienveillant pour nous en toutes circonstances, leur retira son appui moral; ce qu'apprenant, les chefs indigènes chez lesquels ils devaient passer s'enhardirent et leur imposèrent les tributs les plus onéreux et les plus vexatoires; enfin les pillards des alentours, sûrs de l'impunité, attaquèrent leurs caravanes, dont deux furent complètement pillées; les épaves de l'une d'elles vinrent échouer à Karéma, et bon nombre d'Européens qui en faisaient partie furent massacrés. En somme, de toute cette expédition, si brillante à son début, aucun membre n'a pu accomplir sa mission ni s'établir en un endroit quelconque des environs de Taborah.

Mais ce sont surtout les missionnaires protestants qui s'attirent le courroux des Arabes; et, il faut bien l'avouer, ces pasteurs anglais se mêlent souvent là-bas de certaines choses qu'ils feraient mieux de ne pas heurter de front; ils ne savent pas ménager la susceptibilité de l'Arabe, ni respecter ses mœurs et ses croyances; ils affectent pour lui un souverain mépris, et amoncellent ainsi sur leurs têtes tout un avenir gros d'orages, de sourdes colères, d'implacables rancunes, qui tôt ou tard feront explosion.

Déjà à Oudjidji, où les missionnaires protestants s'étaient mis en guerre ouverte avec les Musulmans, la situation est devenue tellement intolérable pour les Blancs qu'ils ont dû se retirer devant l'hostilité dont ils étaient l'objet; à un certain moment, les Arabes ont même failli massacrer M. Hoore et ses compagnons, à propos d'un drapeau anglais que ces messieurs voulurent arborer : les indigènes se sont toutefois contentés d'abattre le mât, dont ils n'ont pas laissé un fétu sur place.

Et c'est cependant à Oudjidji que vécut heureux durant

de longues années l'illustre Livingstone, un sage celui-là, un ami des Arabes ; il est vrai qu'il était aussi l'adversaire de ceux d'entre ses concitoyens qui, aujourd'hui, représentent la politique anglaise à Zanzibar.

Une autre objection que l'on formulera contre l'alliance de l'Européen avec l'Arabe, c'est celle relative à l'esclavage. Mais à ce propos il s'agit de s'entendre. Tout d'abord, il est évident que les atrocités de l'esclavage — pour employer le cliché traditionnel — n'ont pas la portée qu'on leur a trop souvent attribuée. Au Niger et au Bénué on rencontre certes encore des vestiges frappants de la cruauté avec laquelle se faisait la traite, et, sous ce rapport, l'Afrique occidentale est la partie la plus désolée. Mais sont-ce les Arabes ou les négriers de toutes nations qui ont commis ces méfaits révoltants ?

Ce qu'il y a de certain c'est qu'à Zanzibar, au Zanguébar, dans la région centrale des Grands Lacs, en un mot, là où l'on rencontre le véritable Arabe, l'esclavage ne présente aucun de ces caractères cruels et inhumains dont on l'a trop généralement revêtu. On dirait plutôt d'une domesticité non payée, telle que le Moyen-Âge nous en a fourni pas mal d'exemples au bon vieux temps des dîmes et des corvées. Maints esclaves en Afrique sont aujourd'hui plus heureux que le soldat en Prusse et plus libres que le journaliste en Russie. J'ai même été frappé de la douceur avec laquelle l'Arabe traite ses nègres, et de la liberté de parole et d'allure que je remarquai chez ceux-ci. A diverses reprises j'ai constaté que l'Arabe prendra l'un ou l'autre de ses esclaves comme confident et comme ami, et qu'il lui confiera la conduite de ses caravanes et la garde de ses intérêts.

Dira-t-on que c'est là un produit de la civilisation européenne ? Erreur. C'est à la seule constitution arabe que l'on doit ce bienfait. En effet, ouvrons le Koran au chapitre XXIV ; qu'y lisons-nous :

« 32. Mariez ceux qui ne sont pas encore mariés, vos
» serviteurs pauvres à vos servantes ; s'ils sont pauvres,
» Dieu les rendra riches du trésor de sa grâce ; car Dieu
» est immense, il sait tout.

» 33. Que ceux qui ne peuvent trouver un parti à cause

» de leur pauvreté vivent dans la continence jusqu'à ce
» que Dieu les ait enrichis de sa faveur. *Si quelqu'un de
» vos esclaves vous demande son affranchissement par écrit,
» donnez-le lui si vous l'en jugez digne. Donnez-leur quelque
» peu de ces biens que Dieu vous a accordés.* »

Certes, avec des principes semblables, le Musulman, qui est pieux jusqu'au fanatisme, ne peut pas être sciemment injuste, cruel, inhumain envers ses esclaves. Et, d'ailleurs, il est malheureusement un fait acquis dorénavant à l'histoire, c'est que les colons européens furent généralement les maîtres les plus impitoyables; et si l'on veut rechercher l'origine exacte des négriers les plus fameux, les plus célèbres de par leurs crimes et leur férocité, on trouvera que ce furent des Métis, et il ne faut pas confondre leur histoire avec celle des Arabes.

Le Métis a réellement été un vil marchand de chair humaine; il attaquait les villages nègres, les pillait et les incendiait, entraînant en esclavage les habitants en âge d'être vendus et égorgeant le reste; il se rendait alors à la côte ou bien aux marchés de l'intérieur, où il écoulait sa cargaison. Lorsqu'il n'était pas pendu, il devenait riche et rentrait chez lui faire souche de négriers.

Tel n'est pas l'Arabe. Il a des esclaves, c'est vrai, c'est conforme à sa religion en même temps qu'à ses intérêts; mais du moins il les emploie lui-même, il les fait travailler, et, au lieu de les vendre comme un vil bétail, il les garde, les soigne comme d'utiles coopérateurs qui l'aident dans son trafic et dans la culture de ses terres; d'aucuns, je l'ai dit, les traitent avec une bienveillance incroyable et plutôt comme des serviteurs que comme des esclaves. Là où le négrier ne voit qu'une marchandise, l'Arabe cherchait et a trouvé un auxiliaire; ainsi considéré l'esclavage change d'aspect, et il perd totalement son caractère inhumain et monstrueux.

Aussi, au risque d'encourir un *tolle* général de la part de ceux qui, par la puissance de leur parole, firent décréter l'affranchissement des noirs sans peut-être les avoir jamais étudiés de près, peut-on affirmer que cette mesure a été fatale en maints endroits, au Sénégal entre autres. Elle a été fatale aux intérêts des Européens, qui ont manqué de bras, fatale aussi aux intérêts des nègres, car ce misérable peuple, doué d'une nature indolente et paresseuse, ne travaille plus depuis qu'il a été déclaré libre. Jadis il gagnait son pain, aujourd'hui il croupit dans la fainéantise, le vice et la débauche, préférant mendier et voler plutôt que de se prêter à un travail honnête et rémunérateur.

Je le dis sans hésiter, de même qu'un peuple doit être mûr pour jouir des bienfaits d'un gouvernement républicain, de même il convient d'imposer au nègre l'apprentissage du travail avant que de lui révéler les douceurs de la liberté. Dans son affranchissement le noir n'a vu jusqu'à présent qu'une seule chose, c'est qu'on lui reconnaît le droit de ne rien faire ; libre trop tôt, il n'a pas compris qu'à côté d'un droit il y a toujours un devoir, et que pour tout être humain le premier et le plus sacré des devoirs, c'est le travail.

A ce propos, j'ajouterai une autre considération : si nous ne pouvons pas obliger le nègre à travailler pour nous en Afrique, à quels bras ferons-nous donc appel? A ceux des Coolies ? Mais, d'abord, les Coolies ne consentiront à travailler que pour eux, non pour nous ; et puis, ceci tuera cela : les Coolies extermineront les nègres ou bien les nègres se débarrasseront des Coolies; sous prétexte de civilisation nous aurons servi ainsi la cause de la destruction. Dans cette occurrence ne vaut-il pas mieux faire du nègre lui-même l'artisan de sa régénération, en le forçant à défricher son sol, qui deviendrait dès lors habitable pour l'Européen? Car il est évident que c'est par la culture seule, ayant pour conséquence le drainage normal des eaux, que le continent africain perdra peu à peu son caractère inabordable et sa triste renommée d'insalubrité.

Or, l'Arabe cultive beaucoup ; c'est même sa principale occupation; par nature, il est plutôt pasteur que nomade.

Dans l'opinion vulgaire, on le croit fatalement errant; on ne le sépare pas de sa lance, de sa tente et de son chameau, en un mot, on ne voit que le Bédouin. Grave erreur. L'Arabe nomade n'est qu'une faible fraction de la grande famille, qui est foncièrement sédentaire et agricole, ainsi que nous le démontre son histoire la plus reculée.

Sur la rive droite de l'Euphrate s'élevaient jadis des États florissants comme ceux de Kindana et de Soukhi, des villes populeuses, des territoires où la culture a largement gagné sur le désert. En Syrie, la zone cultivée et les villes, dans l'état de choses que nous décrivent les bulletins des rois d'Assyrie, s'étendaient jusqu'aux limites des sables à jamais stériles.

Certes, l'Arabe a conservé les traits caractéristiques communs aux Jectanides et aux Ismaélites : la passion des voyages, la facilité du déplacement, l'esprit de tribu, le goût du trafic. Mais, à côté de cela, c'est le peuple patriarcal par excellence, jaloux de ses troupeaux et fier du rendement de ses terres. Au sein de l'Afrique sauvage, si l'on rencontre de fertiles rizières, des essais de culture, du froment, des citrons, des grenades, des goyaves, des bananeraies superbes, c'est aux Arabes qu'on le doit. La plaine de Taborah nous en offre un exemple frappant : ils ont défriché cette vaste lande qui confine le désert du Mgounda-Mkali, et ils en ont fait un jardin potager splendide ; ils y ont creusé des puits au bord desquels on retrouve non sans étonnement le système d'irrigation dont se servent les Égyptiens ; ils élèvent de nombreux troupeaux, habitent de confortables demeures et vivent dans l'aisance et le bien-être là où jadis l'on ne rencontrait qu'une morne plaine désolée, repaire de quelques sauvages bandits.

Pour arriver à édifier cela il a fallu des bras ; or, l'on sait que faire appel à la bonne volonté du nègre, c'est semer le blé sur la grande route ; à ces peuplades dégradées l'Arabe s'est donc vu forcé d'imposer le travail comme une loi ; il les a obligées à défricher le sol et à devenir ainsi, malgré elles, l'auteur de leur propre fortune et de leur rédemption.

Aujourd'hui, les indigènes de Taborah bénissent les Arabes de leur avoir fait violence, et, chose étrange, le sultan du lieu professe la plus sincère amitié pour le gouverneur arabe, qui cependant partage avec lui l'autorité effective et possède de plus que lui un légitime pouvoir moral.

Aussi le pays est-il riche, prospère ; et n'était Mirambo, dont on redoute parfois les incursions pillardes, l'Ounyanyembé serait un véritable Eden ; pour le voyageur européen, c'est un délicieux endroit de repos, c'est un coin enchanté où il est tout étonné de retrouver les premiers bégaiements de la civilisation à côté de la franche et primitive hospitalité.

On peut dire de Taborah que c'est le spectacle frappant du triomphe auquel peut arriver le travail latent, persévérant, énergique, lorsqu'il s'appuie sur cette grande force : l'agriculture.

CHAPITRE III

Zanzibar.— Le sultan Saïd-Bargash. — La diplomatie européenne. L'armée zanzibarite.

Dans les précédents chapitres, j'ai surtout examiné les grandes lignes de la question arabe, la nature, les mœurs, les aptitudes de ce peuple entreprenant ; j'ai signalé brièvement l'avantage qui résulterait pour les efforts européens en Afrique d'une alliance complète avec lui. Je veux revenir spécialement sur ce dernier point en soulignant les développements qu'il comporte.

Sans contredit, Zanzibar est une des clés de l'Afrique orientale, la seule même dont en ce moment nous puissions nous servir, puisque le Zambèze est aux Anglais et que, par le Nil, l'entreprise n'est guère possible en ce moment. Zanzibar, au contraire, est un terrain neutre, un pays ami, où le drapeau français est connu, aimé et respecté.

Le prince Bargash, qui règne à Zanzibar, appartient à cette antique race du Yémen, ou Arabie méridionale, dont les bas-reliefs de Deir-el-Bahari nous fournissent quelques spécimens : les habitants, figurés avec cette vérité ethnographique qui brillait si fort dans l'art égyptien, constituent une race brune apparentée de près à celle de l'Egypte, mais où cependant on voit apparaître clairement les traits du type arabe ; c'était l'infiltration du sang nègre qui, en ce moment déjà, gagnait la race kouschite.

Saïd-Bargash est un descendant de cette robuste race ; il a des dehors très-affables, des yeux intelligents, des traits relativement fins, un organe clair et mesuré, mais tout en lui dénote cependant le croisement de l'adite primitif avec le nègre du pays de Poun. Bien que jeune encore, le prince est atteint de l'éléphantiasis, cette terrible affection si commune aux Arabes de ces contrées, et dont jamais ils ne parviennent à se guérir complètement.

Depuis huit ans Saïd-Bargash est monté sur le trône, succédant à son frère, Saïd-Medjid, de belliqueuse mémoire. On peut dire du sultan de Zanzibar qu'il règne mais ne gouverne pas, avec cette aggravation que la force qui tient son autorité en échec n'est pas un Parlement comme dans nos pays d'Europe, mais la main d'une puissante nation étrangère. L'Angleterre s'est taillé dans ce coin de l'Afrique une prépondérance extraordinaire qui touche de près au protectorat.

Cette situation est due à l'insouciance que les autres gouvernements européens ont apportée là-bas dans le choix de leurs représentants ; au lieu d'y envoyer des consuls officiels, ils se sont contentés dans le principe d'accorder l'exéquatur à des traitants européens établis dans ces parages. Pendant ce temps l'Angleterre, indépendamment de toute autre pression, accréditait auprès du Sultan un consul revêtu de pleins pouvoirs, et elle envoyait dans les eaux de Zanzibar un stationnaire avec tout le déploiement militaire que cette démonstration comporte. Du coup elle était certaine de conquérir ainsi le prestige dont elle avait besoin.

Lorsque le Sultan, d'abord flatté de tant d'apparat, ébloui par ce splendide décor, s'aperçut enfin de la tutelle qui peu à peu l'enserrait, il chercha vainement un appui, un contre-poids auprès des autres consuls ; ceux-ci n'avaient ni les pouvoirs ni le prestige nécessaires pour l'aider dans une résistance quelconque. Seule, la France avait accrédité auprès de lui un vice-consul, M. Gailhart de Ferry, qui mourut si malheureusement, en 1880, à bord d'un navire à vapeur, en vue d'Aden. Les autres nations qui cependant y ont certains intérêts, l'Amérique, l'Autriche, l'Allemagne, la Suisse n'y étaient représentées que par l'un ou l'autre de leurs sujets qui y font le négoce, alors que l'Angleterre, qui cependant n'y possède pas de comptoir commercial, a élevé son consul, le docteur John Kirk, au rang de consul général et agent politique.

Il y avait là une tendance qui aurait dû ouvrir les yeux: il est clair qu'en agissant ainsi les Puissances européennes ont naïvement fourni à leur voisine d'outre-Manche tous les atouts voulus pour établir, lorsqu'elle en jugera le moment opportun, un rigoureux protectorat tant sur Zanzibar que sur le littoral. Que si, au contraire, l'on eût secondé les désirs, les tendances des Arabes, pareille prépondérance eût été courtoisement combattue, très-aisément écartée, et le Sultan eût conservé cette indépendance si hautement indispensable à la réussite de nos efforts dans cette partie de l'Afrique.

Peut-être n'est-il pas trop tard pour remédier au mal, mais certainement il est plus que temps d'y songer. En faisant choix de M. Ledoulx comme consul de France à Zanzibar, le Gouvernement de la République a prouvé beaucoup de clairvoyance : les intérêts français ne pouvaient être confiés à des mains plus expérimentées, plus prudentes et plus énergiques à la fois ; depuis quatre ans que M. Ledoulx occupe ces hautes fonctions, de notables changements se sont insensiblement introduits dans les rapports entre Européens et Arabes, et, comme conséquence, les relations avec l'intérieur du Noir Continent se sont déjà modifiées dans un sens très-heureux.

Mais, dans la supposition d'une alliance avec les Arabes de Zanzibar, examinons quelles seraient, en ce cas, les forces matérielles dont on pourrait bénéficier, c'est-à-dire l'état dans lequel se trouvent les armées du Sultan. Car, en somme, il n'est personne qui puisse sérieusement croire que le mot seul de civilisation ouvrira les portes de l'Afrique : là-bas, comme malheureusement partout ailleurs, le droit n'a raison qu'autant qu'il soit accompagné de la force.

On peut diviser l'armée du prince Bargash en trois parties : la garde, la milice et les *irréguliers*. La garde se compose de cipayes, soldats venus du golfe Persique, fort originaux sous leur étrange costume, très-fidèles, très-braves, mais ne représentant, en définitive, qu'une maigre poignée d'hommes destinés à servir de gardes du corps.

La seconde partie, que j'appellerai l'infanterie, est tout ce que l'on peut s'imaginer de plus burlesque et de moins militaire ; c'est un ramassis de jeunes nègres volontaires

que l'on a habillés, chaussés, armés, et qu'on a cru trans-
former en guerriers par le simple fait qu'on les revêtait d'un
costume rouge. On a oublié que pour trouver le soldat il
faut d'abord chercher l'homme de cœur, et cette génération
de nègres affranchis n'a encore produit que des pantins.

Le soin de former cette étrange milice a cependant été
confié à un officier de l'armée anglaise, au lieutenant Matthews, qui touche de ce chef un traitement superbe sur la
cassette du Sultan ; il est en somme colonel, voire même
général ; sur le pied de guerre, ce corps compte plus de
2.000 hommes, dont les officiers sont des nègres qui *ont
fait leurs grades* dans les rangs.

Tout cela manœuvre passablement, à l'instar de nos soldats d'Europe : c'est plaisir de voir ces moricauds s'aligner
dans un ordre parfait, marcher au pas, faire des conversions,
se former en colonne, rompre par pelotons, par sections,
serrer en masse, se développer en ligne de bataille, entreprendre des feux roulants assez réussis, le tout au son d'un
commandement fait en langue anglaise et exécuté avec un
sérieux du plus haut comique.

Quand, de la terrasse de son palais, Saïd-Bargash les
voit évoluer ainsi, sans doute, plus d'une fois il s'est senti
transporté d'orgueil ; il s'est peut-être même surpris rêvant
la conquête du monde : n'avait-il pas une armée ? Pauvre
Prince ! lorsqu'en 1880 il a voulu envoyer cette armée sur
la terre africaine, il a bien dû rabattre de cette noble fierté :
où l'on croyait trouver une légion de fer on n'a rencontré
qu'un décor de carton.

Quelle désillusion ! C'était au moment où Carter et
Cadenhead venaient d'être assassinés ; une grande effer-
vescence régnait à Zanzibar et l'opinion publique réclamait
hautement que l'on vengeât les malheureuses victimes. On
voulait aller jusqu'au cœur de l'Afrique, on jurait de
s'emparer de la personne de Mirambo et l'on se promettait
bien de faire périr ce misérable dans les plus cruelles
tortures. Le Sultan lui-même, poussé par les Arabes, que
cet assassinat avait réellement révoltés et qui ne deman-
daient pas mieux que de se venger en même temps de tout
le dommage que Mirambo leur cause continuellement, le
Sultan osa s'indigner et il voulut agir. Cédant à un géné-

reux élan, il décréta l'envoi de ses troupes au centre du Noir Continent. Il fut décidé que l'on marcherait d'emblée vers l'Ounyamouési, que l'on traverserait l'Ougogo en conquérant sans s'inquiéter des protestations des indigènes, et que l'on irait porter la guerre en plein cœur du pays de Mirambo.

A cet effet, Saïd-Bargash fit réunir sa milice en face du palais et lecture fut donnée du royal décret; mais lorsque les soldats l'entendirent, lorsqu'ils comprirent que, cette fois, c'était sérieux et qu'on les envoyait positivement au combat, où ils risqueraient réellement d'être tués, ils déclarèrent ne pas vouloir partir. Une véritable révolte éclata; Saïd-Bargash, qui est au fond un homme plein d'énergie et de courage, Saïd-Bargash tira son sabre et, s'élançant sur la place, il fit empoigner les plus récalcitrants, qui, au nombre de plusieurs centaines, furent immédiatement mis aux fers.

Après maints pourparlers et au prix d'offres brillantes, on décida le reste à se mettre en campagne, et le lieutenant Matthews partit à leur tête. Mais dès que les premières privations commencèrent, les rangs s'éclaircirent insensiblement et bientôt la désertion gagna sur toute la ligne. Arrivé à douze jours de marche de la côte, à Momboïa, Matthews fut contraint de s'arrêter. Il essaya cependant d'établir en cet endroit un camp permanent et, à cet effet, il fit élever quelques baraquements; mais sa tentative fut vaine, et il se vit forcé de revenir à la côte avec ce qui lui restait d'hommes. Chacun put alors se convaincre que ces miliciens nègres, bons tout au plus pour parader à Zanzibar, étaient en réalité indignes de porter le nom de soldats, et qu'avec une telle troupe aucune action militaire ne serait possible.

Le troisième élément dont se compose la force armée du sultan, ce sont les *irréguliers*. Ceux-ci, du moins, sont de vrais guerriers, et c'est à eux seuls que l'on pourra jamais faire raisonnablement appel en quelque critique circonstance que ce soit.

Les soldats de la milice sont, je l'ai dit, de jeunes nègres chez qui la civilisation semble n'avoir développé que les mauvais instincts de paresse et de débauche; ancrés dans leur oisiveté, ils vivent dans la recherche du bien-être matériel et dans la satisfaction de leurs instincts grossiers.

Tel n'est pas l'*irrégulier*. L'*irrégulier* est Arabe, et partant il a un goût inné pour les combats et un amour immodéré pour la liberté, fût-elle désordonnée. Il n'aime pas la contrainte, la réglementation minutieuse ; il a le sentiment de l'honneur très-haut placé et possède un courage réel. Musulman fanatique, il suit à la lettre la loi du Prophète, qui lui dit :

« Lorsque vous rencontrez des Infidèles, eh bien,
» tuez-les au point d'en faire un grand carnage (1). »

« Ne montrez point de lâcheté, et n'appelez jamais vos
» ennemis à la paix (2). »

Farouche exécuteur de la loi, l'*irrégulier* est avant tout guerrier fidèle à la foi jurée et d'une vaillance sur laquelle on peut compter. Il est surtout doué de ce courage nomade qui a quelque chose de spontané et qui l'entraîne parfois à des actes d'héroïque folie. Au demeurant, il semble plutôt violent que sanguinaire ; mais il est capable de déployer une grande ténacité, une bravoure solide s'il se trouve attaqué dans ses foyers, dans ses intérêts, ou appelé par la loi à combattre les indigènes pour venger la mort d'un Croyant.

Maintes fois ces *irréguliers* ont demandé à partir pour l'intérieur du continent : c'était lorsqu'arrivait à Zanzibar la nouvelle de quelque nouveau méfait de Mirambo ou de ses alliés contre les établissements arabes. Mais, jusqu'à présent, il s'est toujours produit à cet égard une sorte de force de résistance qui empêchait le Sultan d'agir.

On dirait d'une main de fer qui mystérieusement dirige les actes du Prince au point de lui faire violence jusque dans les plus intimes aspirations de sa foi. Saïd-Bargash voudrait combattre les bandits, il voudrait venger les Arabes que l'on assassine, que l'on pille impunément là-bas : il voudrait user de la force qu'il a entre les mains pour ouvrir le Noir Continent et aider aux efforts de la civilisation ; mais on enchaîne sa volonté, on lui défend de rien entre-

(1) Le Coran, chap. xlvii, v. 4.
(2) Le Coran, chap. xlvii, v. 37.

prendre sérieusement contre les chefs bandits de l'intérieur, et l'on édifie ainsi au cœur de l'Afrique une puissance indigène redoutable qui bénéficie de cette situation pour donner libre carrière à ses crimes, jusqu'au jour où l'on s'en servira comme d'un prétexte pour justifier l'occupation armée de ce territoire.

Le nombre des *irréguliers* dont dispose le Sultan est déjà très-considérable ; il pourrait être augmenté dans des proportions colossales si Saïd-Bargash voulait — disons s'il osait — faire un signe à ses fidèles d'Aden. Ces auxiliaires seraient à plus d'un titre précieux : on les attacherait à chaque station en les mettant, s'il le faut, sous le commandement d'un officier européen ; cette force militaire protégerait le comptoir commercial, qui serait naturellement confié aux mains d'un homme du métier. Ce serait non pas une occupation à main armée, mais une simple défense des établissements, et nul n'y pourrait y trouver quelque chose à redire : l'objectif de tous les peuples colonisateurs a toujours été de rechercher dans le pays même l'élément militaire dont ils avaient besoin pour défendre leurs intérêts. On édifierait ainsi une œuvre durable qui n'emprunterait aucun caractère de conquête, ne porterait ombrage à personne et profiterait rapidement à la mère-patrie.

Nous reviendrons ailleurs sur ce sujet ; le seul point que j'aie tenu à indiquer c'est que les *irréguliers* de Zanzibar représentent là-bas la véritable armée, et qu'ils sont également l'unique force à laquelle on pourra jamais faire appel pour la défense et la protection des entreprises africaines.

CHAPITRE IV

L'Oussagara. — Un poste français. — Le capitaine Bloyet.
Ses efforts, son courage et son succès final.

Examinons à présent, en rayonnant vers l'intérieur, l'état et la valeur des centres arabes que nous y rencontrons.

Nous ne nous attarderons pas à la côte, à Bagamoyo ni à Sâadani : ce qui est vrai pour Zanzibar l'est aussi pour ces divers points du littoral. Mais aussitôt qu'on s'enfonce dans les terres, les conditions changent complètement, et tandis qu'à Zanzibar c'est, en somme, l'Européen qui règne et qui gouverne, lorsqu'on a franchi la zone maritime, on est fort étonné de se trouver au milieu de peuplades qui, tout en témoignant d'un certain respect pour l'homme blanc, ne laissent pas que d'afficher à son égard la plus complète indépendance. C'est là que réapparaît le génie individuel de l'Arabe, c'est là surtout que l'on ressent la nécessité d'une union étroite avec lui.

J'en trouverai un exemple plus loin dans les ennuis qu'a éprouvés, à Kondoa, le chef de la première station française; la situation était devenue insoutenable pour les Blancs par suite de la fâcheuse hostilité qui régnait entre les Arabes et la mission anglaise de Mpwapwa; et ceci m'amène à entrer dans quelques détails au sujet de l'arrivée de M. Bloyet dans la région montagneuse de l'Oussagara, en plein centre arabe.

C'est mû par une idée pleine de sagesse que le comité français de l'Association africaine décida d'établir son point de relai dans l'Oussagara, à une faible distance de la côte, au lieu de courir dès l'abord les chances désastreuses des aventures lointaines. De cette façon, du moins, pareil établissement est pratique, sérieux, plein d'avenir. Ses communications avec Zanzibar, et partant avec l'Europe, deviennent possibles, voire même aisées; la station peut se ravitailler facilement, recevoir sans trop grands retards les instructions de la mère-patrie, et, au besoin, être promptement secourue par elle; en un mot, elle répond à son but.

C'est en échelonnant ainsi les stations à partir de la côte, en marchant du connu vers l'inconnu, que l'on peut espérer faire de la bonne et utile besogne, sans compromettre et les efforts pécuniaires et les existences précieuses qui se dévouent à cette grande œuvre africaine.

L'Oussagara est bien certainement l'endroit le mieux choisi pour satisfaire aux exigences d'une telle situation. Lorsqu'on quitte la côte du Zanguébar pour s'engager dans l'intérieur du continent africain, un pénible apprentissage s'impose tout d'abord au voyageur; il a à traverser d'immenses régions insalubres, et, novice encore, il ignore et les dangers qu'il va courir et les précautions qu'il doit prendre pour en triompher.

La Makata et ses affluents font de tout le pays qu'ils baignent un vaste et pestilentiel marais où, suivant la saison, on barbote plus ou moins profondément pendant une période de huit à dix jours de marche. Le sol détrempé s'enfonce sous les pas ; d'en haut tombe parfois un déluge glacial, d'en bas montent des exhalaisons mortelles, devant soi rien, l'infini boueux pour horizon. La caravane avance péniblement, les porteurs laissent choir leurs fardeaux ; quand on arrive au camp tout est trempé et la tente est dressée au milieu d'un lac fétide. Vainement on fait appel au sommeil ; la peau devient moite, les muscles se lâchent, les reins sont brisés : c'est la fièvre qui monte, la fièvre implacable, avec son cortège de délires, d'abattements et de mornes désespérances.

Cependant dans le lointain, comme un phare désiré, l'on distingue des pics hardis ; ce sont les monts N'gourou, les monts de l'Oussagara, où l'on retrouvera la santé, la fraîcheur, le calme et le repos. A les voir ainsi durant les belles nuits claires, on dirait des apparitions fantastiques qui rêvent, silencieuses, sous leur grand manteau de verdure.

La nature a richement doté ce district : alors qu'en deçà, vers la côte, l'on ne rencontre que l'immense nappe des marais, et qu'au-delà, dans l'Ougogo, tout n'est que sable, aridité, désert, ici la nature est plantureuse, l'air salubre et les eaux, drainées par la ligne des montagnes, y apportent leur contingent de fraîcheur et de fertilité.

C'est là que les Arabes ont établi leur première succursale de Zanzibar, et c'est à eux que les habitants doivent le rapide et prospère développement de ce district.

Les Arabes ont été, d'ailleurs, heureusement inspirés en s'établissant dans l'Oussagara, car de là ils peuvent aisément rayonner vers l'intérieur du continent pour surveiller et étendre le trafic de leurs caravanes ; l'Oussagara est, en effet, un point de bifurcation des différentes routes vers Bagamoyo et Sâadani.

Malheureusement pour les entreprises européennes, les Arabes de cette région se plaignent amèrement, avec raison peut-être, de l'ingérence des missionnaires anglais dans leurs affaires intimes, et l'hostilité qui en résulte a créé dans le principe de sérieuses difficultés au capitaine Bloyet lorsqu'il se présenta dans le pays, en juillet 1880, pour y fonder un établissement.

Peu de temps auparavant un Arabe très-influent, nommé Saive-ben-Seliman, avait eu précisément maille à partir avec les missionnaires protestants : ceux-ci ont, en effet, établi à côté de leur station de Mpwapwa une sorte de refuge pour les esclaves en fuite, qui viennent alors travailler sous la sauvegarde de la mission. Les Arabes ont trouvé que cela constituait un véritable appel à la désertion, d'autant que Saive-ben-Seliman, lors de son passage à Mpwpwa, s'était vu ainsi enlever un grand nombre de ses porteurs, qui s'étaient enfuis et réfugiés auprès des missionnaires anglais, à qui il les réclama vainement. Dès lors sa fureur contre les Blancs ne connut plus de bornes, et comme par ses richesses et par sa position, il exerce une notable influence, sa haine fut rapidement partagée par tous les chefs des alentours.

Le capitaine Bloyet en supporta le contre-coup, et son arrivée à Kondoa fut marquée par les péripéties les plus pénibles, dont il ne triompha que grâce à un redoublement de courage et en suivant à l'égard des Arabes une ligne de conduite qui fait le plus grand honneur à son intelligence et à son tact.

Il venait d'être violemment secoué par les fièvres en traversant la Makata, et, lorsqu'il se présenta à Kondoa, il était pâle, amaigri, se soutenait à peine et était obligé de se faire porter sur un lit de camp.

Il demanda à être introduit auprès du chef. Or, dans ces districts, où les Arabes ont conquis une grande influence, il y a deux chefs : à côté du sultan indigène, qui représente la propriété du sol, il y a le chef arabe, qui tient en main la partie trafiquante ; par son intelligence et sa fortune, ce dernier est souvent le plus puissant des deux, encore que le chef indigène détienne cependant le véritable pouvoir armé. Mais ces deux autorités vivent en parfaite intelligence, ainsi que je l'ai déjà fait remarquer ; car si le naturel a besoin de l'Arabe pour se procurer des étoffes et de la poudre, l'Arabe, de son côté, doit nécessairement recourir au sultan nègre pour obtenir les porteurs indispensables à son trafic par caravanes; il n'est rien de tel que d'avoir besoin l'un de l'autre pour bien s'entendre.

Or, ce fut devant le chef arabe que Bloyet fut tout d'abord conduit et à qui, brièvement, il exposa le motif de sa visite, c'est-à-dire son désir d'établir à Kondoa un poste français. L'Arabe méfiant s'imagina à bon droit que pareille station lui créerait des difficultés intimes comme celles que l'on avait suscitées à Saive-ben-Seliman, et il déclara formellement que Kondoa n'avait pas besoin d'homme blanc, et qu'au reste, il n'y avait dans le pays aucun emplacement à céder. Bloyet renouvela sa tentative auprès d'autres personnages influents; ce fut en vain : partout les portes se fermaient devant lui.

La situation devenait critique lorsque intervint le chef nègre du lieu, Mounié Mbogo; plein de sympathie pour les Blancs, il offrit à Bloyet sa propre demeure, dont il ne voulut rien recevoir à titre de loyer; il fit immédiatement déloger ses femmes, ses enfants et ses troupeaux, et Bloyet se trouva en possession du plus beau tembé de l'endroit.

C'est là qu'il me reçut lorsque, trois mois plus tard, je passai moi-même par Kondoa en retour vers la côte, et j'avoue que ma surprise fut extrême quand j'entendis de la bouche même de Bloyet la narration de cet épisode si grand dans sa simplicité; les rois ne nous habituent plus guère au spectacle de la générosité, et Mounié Mbogo mérite d'être cité comme un modèle d'autant plus précieux qu'il est rare.

Bloyet me conta alors tout ce qu'il avait dû mettre en œuvre pour vaincre l'antipathie que les Arabes de l'endroit nourrissent à l'égard des Blancs depuis les événements de Mpwapwa. Heureusement pour lui, il s'était rapidement rendu compte de la situation : il comprit que, sans l'appui des Arabes, il n'arriverait à rien, et, dès lors, son objectif fut d'acquérir leur amitié.

En peu de temps il avait appris suffisamment le swahili pour tenir avec eux de longs *barzas*, interminables conversations dans lesquelles il s'efforçait de dissiper leurs craintes et leurs préjugés en leur faisant comprendre que sa station ne tomberait pas dans les errements de sa voisine. Par sa présence d'esprit, par son tact et la générosité dont il fit preuve, il parvint à gagner les bonnes grâces des chefs, et alors seulement il put leur exposer ses projets d'établissement et réclamer leur indispensable concours. Il obtint ainsi la concession d'un vaste terrain situé sur le sentier des caravanes, et il passa un contrat pour la fourniture du bois et la confection des briques dont il avait besoin.

Lorsque je fus à Kondoa, en octobre 1880, j'y vis les travaux déjà commencés ; tout le bois était coupé, le terrain préparé, et, sur les quinze mille briques nécessaires, les deux tiers environ étaient là qui grillaient au soleil. Pour qui a voyagé dans ces parages, pour qui connaît la paresse et l'indolence des nègres, pareil résultat est surprenant et il fait honneur au courage et à l'activité de Bloyet.

C'est bien là, d'ailleurs, l'homme qu'il faut pour mener à bien semblable entreprise ; ancien capitaine au long cours, Bloyet est instruit, énergique, intelligent, travailleur ; nul mieux que lui ne sait se débrouiller ; d'une activité peu commune, il électrise ses hommes en mettant lui-même la main à la pâte, et il en obtient ainsi le *summum* de ce que peut donner un nègre. Doué d'un esprit pratique et clairvoyant, il distingue nettement son but, mesure ses moyens d'action et fait à l'avance la part des bonnes et des mauvaises chances. Rien ne l'émeut ni l'étonne : son idée est là, devant ses yeux, et il y travaille avec une ténacité qui lui garantit le triomphe.

En un mot, si sa santé continue à se maintenir, Bloyet arrivera certainement à vaincre les dernières difficultés de sa mission et à établir à Kondoa un poste français dont l'utilité ressortira bientôt ; homme sobre, patient, déterminé, il est de la trempe de ceux qui réussissent en Afrique.

Mais, ainsi qu'il me le disait lui-même, c'est à l'amitié des chefs arabes établis dans le pays qu'il a dû jusqu'à présent tout son succès ; ce sont eux qui ont pris à forfait la fourniture de toute la besogne, qu'ils ont alors confiée à leurs propres travailleurs, car Bloyet n'avait conservé auprès de lui que deux nègres, dont l'un faisait la cuisine et l'autre s'occupait du logement et des armes. Malgré cela, et grâce au concours des Arabes, le voyageur français était parvenu en trois mois à jeter les bases d'une station viable dont les résultats ne tarderont pas à se manifester.

J'ai appuyé sur cet exemple au point d'en faire une digression trop longue peut-être ; mais j'ai tenu à démontrer par là combien les Arabes sont puissants dans toute cette partie de l'Afrique, combien l'Européen serait mal avisé de les combattre, et de quel appui, au contraire, ils pourraient lui être s'il se les attachait par les liens d'une étroite alliance.

CHAPITRE V

Le pays du hongo. — Vexations. — Les Vouagogo. Une muraille de Chine.

La plupart des expéditions africaines qui ont pour point de départ la côte orientale d'Afrique empruntent l'itinéraire suivant : Zanzibar, lieu de formation des caravanes ; Bagamoyo, premier relai ; puis successivement l'Oussagara, l'Ougogo, le Mgounda Mkali, l'Ounyanyembé ; de là, elles se rendent soit à Oudjidji, soit à Karéma, tous deux sur le lac Tanganika, soit encore chez Mtésa, dans l'Ouganda, au lac Victoria Nyanza.

C'est aussi cet itinéraire que nous parcourrons dans la question qui nous occupe, d'autant que les caravanes arabes elles-mêmes ont adopté depuis longtemps cette route, dont ne s'écartent que les seuls convois d'esclaves en destination de divers points du littoral où s'effectuent les embarquements clandestins.

Déjà nous avons vu les Arabes à Zanzibar, nous y avons mesuré leurs forces militaires et l'appui qu'on serait en droit d'en attendre ; nous les avons rencontrés ensuite dans l'Oussagara, où, malgré certaines maladresses commises à leur égard, on peut encore espérer d'eux un cordial appui et les plus réels services. En poursuivant nos investigations, nous allons successivement retrouver la puissance arabe établie sur les confins de l'Ougogo et dans son quartier général de l'Ounyanyembé.

Il faut avoir voyagé dans l'Afrique centrale pour bien comprendre ce que ce mot Ougogo renferme d'ennuis, de vexations, de dangers, de difficultés, de ruineuses dépenses pour l'infortuné Blanc appelé à traverser le pays où fleurit le *hongo*. Tout ce que l'on peut écrire à ce sujet, une fois le voyage terminé, sera fatalement en dessous de la vérité: comment rendre, en effet, ces peines intimes, ces mille petites misères physiques et morales, ces tracasseries mesquines qui, narrées séparément, sembleraient à d'aucuns puériles, mais qui, prises dans leur ensemble, forment un faisceau de douloureuses épreuves dont le souvenir même a quelque chose de répulsif et d'agaçant ? Quelques détails en donneront peut-être une faible idée.

Je prends la caravane au moment où elle arrrive en vue d'un village de l'Ougogo. La fatigue est générale : on a fourni une longue traite au milieu des porrys et des plaines sablonneuses qu'un soleil ardent transformait en fournaise; les gosiers sont desséchés, les poitrines haletantes ; plus de chants, de cris, de babillages si chers aux nègres en marche : on n'entend que la respiration sifflante des porteurs et, de temps à autre, une plainte arrachée par la fatigue ou la soif.

N'importe, on poursuit sa route, on se presse : le village est là-bas, c'est Kanyényé, on y trouvera des vivres et le repos.

Déjà le camp est établi, les tentes sont dressées, quand arrive une troupe de Vouagogo armés qui, de l'ordre de leur chef, vous invitent à transporter vos pénates ailleurs; généralement l'endroit qu'ils vous indiquent comme étant affecté à la halte des caravanes est situé à l'autre extrémité de la plaine ; on parlemente, rien n'y fait, il faut obéir : on dirait d'un clan de Bohémiens que la police fait déguerpir et qu'elle parque dans quelque terrain vague.

Le camp établi, il s'agit de chercher de l'eau, car chacun meurt de soif. Or, dans l'Ougogo, il n'y a ni fleuves, ni lacs, ni rivières : le pays a la forme d'un vaste cirque où fort heureusament il pleut pendant trois mois de l'année; les indigènes recueillent l'eau du ciel en fouissant des puits dans le sable à proximité de leurs demeures, et l'on se figure aisément l'étrange boisson que l'on trouve là-dedans vers la fin de la saison sèche.

Mais qui est altéré n'y regarde pas de si près, et l'on

court en hâte vers ces trous providentiels, lorsque de nouveaux guerriers s'élancent et s'opposent à ce qu'une seule goutte d'eau soit puisée avant que le sultan du lieu en ait donné l'autorisation et fixé le prix de cette haute faveur.

C'est l'impôt sur la soif.

Il faut donc retourner au camp, défaire des ballots, en extraire des étoffes, les expédier au chef, qui vous les retourne, jugeant le cadeau trop mince ; l'on entame alors d'interminables palabres ; il s'agit de faire de nouveaux envois de présents ; on discute, on débat, on se fâche, tout cela en proie à une soif qui vous étrangle.

Lorsque le gracieux souverain daigne enfin accepter vos cadeaux, les pourparlers recommencent sur le fond de la question, c'est-à-dire sur le prix de l'eau : à certaines époques de l'année, et dans maints endroits les prétentions des chefs à cet égard sont tellement exorbitantes que l'on doit faire appel à toute la patience humaine pour ne pas céder à la colère ; toute révolte, d'ailleurs, serait vaine. Bref, après des discussions sans fin, on se voit autorisé à prendre de l'eau dans un puits indiqué, mais seulement après une certaine heure du jour et quand, au préalable, les troupeaux de l'endroit y auront une fois encore bu tout leur soûl.

Toutefois ce n'est là que le début des tortures réservées à l'infortuné voyageur, car il lui reste à présent à endurer le supplice du *hongo*, cet arbitraire impôt de passage que perçoivent les chefs les plus minuscules du pays.

D'abord, mille ruses sont inventées pour retarder les négociations, pour retenir la caravane le plus longtemps possible, afin d'obliger les porteurs à acheter les denrées du village. Dans ce but, sa majesté noire se dit indisposée ou absente, ou bien elle prétexte que la journée est trop avancée pour entamer des affaires sérieuses ; le plus souvent aussi le chef se grise à plaisir, et son ivresse, qui dure plusieurs jours, est un prétexte sacré pour ne pas se vouer à la chose publique ; on a beau être furieux, il faut, bon gré, mal gré, attendre que l'intéressant monarque ait cuvé son *pommbé*.

Enfin, les débats commencent, et l'on ne peut s'imaginer l'astuce, la cupidité, l'âpreté au gain, la fourberie de ces chefs vouagogo ; si l'on cédait à leurs exigences premières, c'est la caravane entière qu'il faudrait leur livrer. Tout ce qui se dépense alors de paroles oiseuses, de discussions idiotes, de vaines menaces, d'artificieuses flatteries, c'est inénarrable; s'il n'est secondé par un bon interprète, par un chef de caravane fidèle, intelligent et dévoué, l'Européen est certain de se trouver dépouillé de tout ce qu'il possède.

Sous ce rapport encore les Arabes sont très-précieux; ils obtiennent le passage de l'Ougogo dans des conditions bien autrement favorables que celles qui nous sont faites. Car, à titre de présents, de tribut et d'achat d'eau, nous laissons généralement aux mains de ces chefs rapaces la majeure partie de nos marchandises de route.

Le hongo terminé l'on se remet en marche tout joyeux; mais, hélas! quelques pas plus loin on se trouve sur le territoire d'un autre chef avec qui le même jeu est à recommencer. Et il en va de la sorte pendant un mois, un long mois durant lequel on épuise toutes les gammes de la colère et le plus clair de ses ressources; tout cela pour franchir une distance relativement minime qu'aisément l'on parcourrait en sept ou huit jours d'étapes régulières.

Quant à la résistance isolée, elle est matériellement impossible. Le Vouagogo a même ceci de beau dans le caractère, c'est que, seul parmi les peuples africains que j'ai rencontrés, il a le sentiment de la solidarité très-haut placé. Que si, poussé à bout par la convoitise d'un chef, vous vous décidiez à lui résister, et qu'usant de la force, vous parveniez même à traverser impunément son territoire, bientôt des cris stridents répétés au loin avertiront les peuplades voisines du danger qui les menace. Aussitôt chacun de courir aux armes; partout sur votre route vous ne rencontrerez que des ennemis ligués pour vous combattre, et bientôt, enveloppé par le nombre, vous succomberez infailliblement.

Les Vouagogo forment, d'ailleurs, une race très-remarquable, et, tout d'abord, on serait même tenté de leur reconnaître les caractères d'un peuple autochthone, tant ils tranchent au moral, comme au physique, sur les autres nègres que le voyageur est à même d'observer sur sa route.

Mais un examen plus sérieux prouve qu'il n'en est pas

ainsi : les grandes dissemblances qui existent entre les peuplades mêmes de l'Ougogo trahissent, au contraire, leurs croisements avec les naturels des pays limitrophes, et partant nous démontrent que le Mgogo n'est, en somme, qu'un produit de tribus errantes ou de peuples émigrés.

Ainsi, au nord, il tient des Vouahoumba et des Vouamassaï, qui, eux, représenteraient plutôt la race primitive, race léonine, nomade, guerrière ; aussi les Vouagogo du Nord sont-ils les plus remuants, les plus belliqueux de la contrée. Au sud, ce sont les Vouakimbou, laboureurs pour la plupart, qui peu à peu se sont implantés dans l'Ougogo ; à l'est, on reconnaît la mâle prestance des fils de l'Oussagara, et, à l'ouest, le caractère rapace, finaud, âpre au gain, voire un peu perfide du Vounyamouési.

Mais, au fond, le Mgogo a les vertus et les vices d'un peuple tout primitif, peuple irritable, orgueilleux, jaloux de ses droits, fier de son champ de sorgho qu'il aime et qu'il a arraché par le travail de ses bras à la plaine aride ou à la jungle qui borne son village. Il est déjà pasteur, mais il est encore et surtout guerrier.

A l'appel de son chef, au premier cri d'alarme, il laisse son champ et son *tembé*, et il accourt, armé de toutes pièces, flairant le carnage et la rapine. Ses armes sont l'arc, les flèches, une poignée de zagaies et un *rungou* ou casse-tête ; il porte au bras un bouclier de peau d'éléphant bariolé de rouge, de noir et de blanc, et sur la tête une dépouille d'oiseau ; accroché sur l'épaule droite pend un manteau rouge brique, et rouge brique aussi sont les tatouages dont il agrémente son corps et sa figure. Son manteau, drapé à la romaine, n'est qu'une parure qui ne lui couvre que le torse.

Lorsqu'il s'élance ainsi, hurlant comme une bête fauve, bondissant dans la jungle, à demi-abrité derrière son bouclier et brandissant sa lance, le Mgogo a réellement bel air, et l'on se prend à regretter que tant de fierté et d'orgueil ne serve qu'à l'endurcir dans la sauvagerie et le brigandage. Au fond, je ne le crois cependant pas très-courageux ; il accourt vers vous avec tous les simulacres d'un combat acharné, mais il suffit souvent d'une attitude décidée pour l'arrêter ; très-fort pour une guerre de guérillas, il attendra le pagazi attardé, l'assassinera et volera sa charge, mais il reculera devant qui lui résiste. En un mot, c'est un brigand guerrier, mais nullement un valeureux soldat.

Et le jour où, lasse de cette muraille de Chine que l'Ougogo oppose aux efforts de la civilisation et du commerce, l'Europe voudra faire sentir sa force à ce peuple trop enclin à confondre la patience avec la faiblesse, il suffira relativement de peu d'efforts pour arriver à briser cette barrière, fléau des expéditions européennes et terreur des caravanes marchandes.

Car il n'y a pas à se le dissimuler, c'est par la conquête seule que l'on pourra dompter ce peuple Mgogo et triompher de ses instincts cupides, qui toujours vont croissant.

Or, cette conquête, l'Européen ne peut songer à la faire ; à l'Arabe seul revient ce rôle ; et c'est une œuvre qu'il entreprendrait volontiers si, dans ses efforts, il se voyait secondé par nous.

En apportant à ce travail non-seulement l'appoint de notre prestige, mais aussi nos sentiments humanitaires, l'assujettissement de l'Ougogo n'aurait aucun caractère de cruauté ou d'extermination, et c'est le plus grand pas que l'on pourrait faire pour ouvrir décidément l'Afrique centrale à la civilisation et au commerce. Aussi longtemps que subsistera cette muraille de Chine, tout ce que nous tentons, tout ce que nous établissons au-delà de l'Ougogo, c'est peine perdue, efforts inutiles, frappés à l'avance d'une stérilité radicale.

Etant donc établie la nécessité de réduire l'Ougogo sous un joug équitable pour mettre fin aux exactions indignes qui y sont passées à l'état de loi, étant donné que seuls les Arabes disposent des forces nécessaires et suffisamment acclimatées pour arriver au but qu'on se propose ; mais étant également bien admis qu'au nom de l'humanité et pour sauvegarder nos intérêts futurs il est indispensable que dans ce travail nous nous joignions à eux, voyons si l'idée d'une occupation de l'Ougogo entre dans le domaine des choses possibles.

CHAPITRE VI

Conquêtes des Arabes dans l'Ougogo. — Mounié Mtuana.
Le Mgounda-Mkali.

Non-seulement cette occupation est chose possible, non-seulement elle s'impose à la situation, mais déjà même les Arabes ont mis la main à l'œuvre. L'événement date de 1880, précisément à l'époque où je venais de quitter l'Ounyanyembé, au moment où je traversais l'Ougogo en retour vers la côte; je crois même être le dernier Européen qui soit passé à Mdabourou, frontière occidentale de l'Ougogo pendant que ce pays se trouvait encore sous la domination d'un chef indigène; deux jours après mon départ, les Arabes se sont rendus maîtres de ce district, en ont réduit les habitants, et, fort heureusement ma caravane était déjà à une distance suffisante pour n'avoir pas à supporter le contre-coup de ces luttes, toujours fatal aux Européens en marche.

Les Arabes ont donc compris qu'il y a une nécessité absolue de posséder un point de relai entre l'Oussagara et l'Ounyanyembé; si jamais poste hospitalier eût été utile pour les expéditions européennes, c'est sans contredit celui qu'on aurait dû établir entre l'Ougogo et le Mgounda Mkali.

Il y a là une lacune que peut seule expliquer la difficulté de fonder une station dans ces parages intermédiaires. La difficulté existe, c'est vrai; mais à tout prix il la faut vaincre, afin que les expéditions ne soient pas à la merci des Vouagogo et des bandes du Nioungou, afin qu'elles trouvent à mi-route le ravitaillement qui leur est indispensable pour réparer les brèches du hongo et la défense qui leur est absolument nécessaire pour affronter le passage du Mgounda-Mkali

Les Arabes, eux, ont eu la perspicacité et la force voulues pour venir à bout de cette entreprise; si l'Européen ne peut créer par lui-même un poste de défense, du moins qu'il recoure donc à eux, puisqu'ils ont les moyens de le seconder

Depuis plusieurs années déjà, les Arabes se sont établis

à Mounié Mtuana, position naturelle très-forte, située aux confins occidentaux de l'Ougogo et commandant les diverses routes du Mgounda-Mkali. Mounié Mtuana est gouverné par un Arabe de Mascate qui a donné son nom à l'endroit; cet Arabe, vassal du sultan de Zanzibar, dépend également du Gouverneur de Taborah, avec qui il reste en communications continuelles, rendant ainsi aux caravanes amies les plus immenses services.

C'est à la suite d'une entente entre les Arabes de Taborah et ceux de Mounié Mtuana que fut décidée, en 1880, l'attaque de Mdabourou dans l'Ougogo; Saïd-Bargash y a certainement donné son assentiment secret; s'il avait osé y prêter directement la main les résultats eussent été bien autrement favorables, mais l'Angleterre ne lui permet pas de s'ingérer dans les affaires politiques de l'Afrique centrale.

En détruisant la puissance des Vouagogo à Mdabourou, les Arabes ont accompli une œuvre d'une inappréciable portée; ce district était, en effet, celui où les expéditions avaient à supporter les plus onéreuses, les plus arbitraires vexations.

La première fois que j'y passai avec Cadenhead et Roger, nous y laissâmes un monceau colossal d'étoffes, de marchandises de toutes sortes, et pendant vingt-cinq jours nous y fûmes retenus par la taquinerie du sultan nègre; lorsque plus tard j'y revins seul, ce même sultan exigea non-seulement un hongo très-élevé, mais je me vis en outre forcé de lui livrer mes propres habits: depuis les souliers jusqu'au chapeau, y compris une paire de lunettes qu'il avait aperçue dans un coin de ma tente. Il entendait être habillé comme moi.

Pour ne pas compromettre toute ma caravane, je me vis contraint de céder; heureusement mon trousseau était encore suffisamment garni pour que je pusse satisfaire la fantaisie de cet étrange monarque, sans être réduit moi-même à adopter son primitif costume.

Au reste, ma défroque ne lui a pas porté bonheur, puisque deux jours après mon départ Mounié Mtuana attaquait le village de Mdabourou, en soumettait les habitants et contraignait mon détrousseur à s'enfuir au cœur de l'Ougogo, dans le Kanyényé, où plus tard il succomba sous une incursion des Vouahoumba du Nord.

Ce qui rendait le district de Mdabourou encore plus dangereux, c'était l'alliance intime de son chef avec le Nioungou, son voisin du Mgounda-Mkali.

A l'instar de Mirambo, le Nioungou entretient dans ces solitudes de nombreuses bandes de Rougas-Rougas pour qui le pillage des caravanes est un jeu, une occupation favorite et une source de richesses.

Le voyageur tombe ainsi de Charybde en Scylla; aux difficultés, aux vexations, aux ruineux impôts de l'Ougogo succèdent dans le Mgounda-Mkali les fatigues, les privations, les dangers de toute nature. Là-bas, c'est l'agglomération d'hommes, les exigences des chefs qui sont à redouter; ici c'est la solitude, le désert, l'aridité; là-bas, on est énervé de ne pouvoir avancer qu'à pas lents, de devoir consacrer un mois entier à franchir quelques lieues; ici l'on parcourt en douze à quinze jours et à marches forcées un espace immense, quatre fois grand comme tout l'Ougogo.

Dans ces porrys désolés il n'y a ni villages, ni plantations, ni eau, ni vivres : c'est le pays aux douloureuses tirikésas durant lesquelles on chemine, sans fin, nuit et jour, sans s'inquiéter de qui reste en arrière, car le salut de tous commande la cruauté de l'abandon pour qui s'attarde; c'est qu'à tout prix il faut atteindre le point désiré où le guide a signalé la présence d'un peu d'eau, heureux lorsqu'en y arrivant on ne se trouve pas devant une mare fétide et desséchée.

C'est à de telles fatigues que se joignent les attaques incessantes du Nioungou, maître et seigneur de ces solitudes, dont les bandits harcèlent les malheureuses caravanes, tuant et volant les porteurs assez imprudents pour s'écarter du sentier. Sur tout ce parcours on ne rencontre ni plantations, ni villages; rien que l'immensité déserte, le bois maigre que fuit le gibier lui-même.

On comprend quelle nécessité il y a d'apporter en cet endroit un peu de soulagement, d'air, de secours aux caravanes européennes; il est indispensable qu'une force respectable et protectrice s'établisse à cheval sur ces deux points ennemis de toute civilisation, l'Ougogo et le Mgounda-Mkali.

Le poste de Mounié Mtuana remplirait parfaitement ce rôle si les Européens voulaient se joindre aux Arabes pour fonder là-bas un relai sérieux. Car si le Mgounda-Mkali est désert, dangereux et désolé, ce n'est pas à dire pour cela qu'il soit stérile ; rien n'empêcherait, au contraire, de le cultiver, d'y creuser des puits comme l'on fait dans l'Ougogo, d'y établir des villages ; bientôt alors les Rougas-Rougas s'éloigneraient, se replieraient dans leurs solitudes et la route deviendrait aisée et libre.

Une alliance avec les Arabes nous donnerait d'emblée un poste à Mounié Mtuana, qui certainement est l'endroit le mieux choisi pour l'établissement d'une station de secours. De là à s'avancer dans l'Ougogo, il n'y a qu'un pas ; ce pas, je l'ai signalé, les Arabes l'ont déjà franchi.

Mais qu'on y prenne garde : ils ne sont pas gens à tirer les marrons du feu pour les autres ; si nous les laissons travailler seuls, qu'arrivera-t-il? C'est qu'ayant accompli cette évolution sans nous, ils n'auront pas à nous en faire bénéficier. Lorsqu'ils seront maîtres de l'Ougogo, ils affranchiront leurs propres caravanes de tout impôt ; mais les Européens y resteront soumis comme par le passé, et ce sera justice.

D'ailleurs, avec la force de résistance que j'ai signalée à Zanzibar, les Arabes ne parviendront pas au but que j'indique; ils pourront réduire quelques chefs de l'Ougogo aux environs de leurs établissements, mais quant à entreprendre un mouvement sérieux à cet égard, ils ne le feront qu'autant qu'ils se sentiront vigoureusement appuyés par les armes du sultan de Zanzibar, par le concours moral des Européens.

Pour cela, il faut que les Puissances intéressées mettent la main à la pâte, il faut que l'on combatte énergiquement la politique qui consiste à soutenir en Afrique l'élément nègre, l'élément bandit au détriment de l'élément arabe ; cette politique qui domine à Zanzibar est à tout point de vue désastreuse : elle ne peut qu'occasionner des bouleversements continuels ; elle vient à l'encontre des efforts tentés par les divers pays de l'Europe ; elle ruine, en un mot, les intérêts de tous pour préparer le protectorat au profit d'un seul.

CHAPITRE VII

L'Ounyanyembé. — L'Agriculture et les Arabes. — Mirambo. — Pagazi, voleur et roi. — Diplomatie anglaise. — Les crimes impunis.

Aux steppes désolés du Mgounda-Mkali succède le beau pays de l'Ounyanyembé, quartier général des Arabes dans l'Afrique centrale.

Quel changement soudain dans la nature! Du haut des monts boisés dont les éperons septentrionaux font à l'Ounyanyembé une frontière naturelle, l'œil se repose ravi sur la « scènerie » charmante qui se déroule à l'horizon. C'est d'abord une vaste plaine couverte de cultures : ici, des champs de riz, de maïs, de moutama; là, des carrés de patates, de tabac, de manioc; partout des bananeraies splendides; essaimées dans le vallon, des pointes grises piquent cet océan de verdure et trahissent de joyeux hameaux dont la ceinture d'euphorbe ressemble à quelque gigantesque candélabre; le suc de cet arbuste sert à empoisonner les flèches des guerriers à l'heure des combats.

Bientôt le soleil émerge de la cime des monts, et dans un manteau de pourpre et d'or apparaissent Taborah, Kouiharah, Kouikourou, qui sommeillent sous la feuillée : on dirait d'un mirage enchanteur tant est brusque la transition qui, du désert d'où l'on vient, vous fait passer dans la plus charmante oasis.

C'est encore aux Arabes que ce district doit sa prospérité : ils ont dompté l'indolence native du nègre, et, par une énergie et un travail soutenus, transformé la vaste lande en un magnifique jardin potager.

J'appuie sur ce point, parce qu'il est évident que l'agriculture est le meilleur et le premier pas vers la civilisation, comme c'est aussi la clé du problème qui tend à rendre l'Afrique habitable : on ne triomphera de cet insalubre climat que par le défrichement du sol, qui, amenant le drainage des eaux, transformera en plaines fertiles les régions marécageuses si fatales aux Européens.

Or, les Arabes sont déjà parvenus à faire du nègre paresseux et pillard un actif laboureur, et le spectacle que nous donne à cet égard l'Ounyanyembé est bien fait pour attirer notre sérieuse attention sur ces hommes, qui par eux-mêmes, sans direction aucune, édifient au centre de l'Afrique un travail gigantesque, alors que les efforts des peuples civilisés se brisent incessamment contre l'insuccès; avec de pareils alliés, nous arriverions certainement à un résultat sérieux, à un but éminemment pratique.

A côté de l'industrie agreste, Tahorah présente tous les caractères d'un centre important de trafic : les Arabes y possèdent leurs plus grands établissements de l'intérieur, et c'est aussi le relai des caravanes parties de la côte dans la direction des Grands Lacs : elles renouvellent à Taborah leurs denrées d'échange et leur personnel, congédiant les Zanzibarites pour enrôler les Vounyamouési, avec lesquels on se rendra sur les rives du Tanganika ; tout cela est ordonnancé et réglé à l'avance, et, en dehors de l'époque du Rhamazan, les caravanes n'éprouvent à Taborah aucun retard dans leur marche vers le Lac.

Les installations arabes à Taborah offrent le plus grand confort ; ce sont d'immenses *tembés*, solidement bâtis, où règne une hospitalité grandiose ; après le long et pénible jeûne auquel le voyageur a été astreint dans le Mgounda-Mkali, c'est plaisir pour lui de se voir comblé d'attentions par ces bons Arabes : poulets dorés, quartiers de bœuf et de mouton, plats de riz, montagnes de crêpes, d'œufs et de fruits, il voit défiler, en son honneur, toutes les splendeurs gastronomiques depuis longtemps oubliées ou passées du moins à l'état de vagues souvenirs. Certes, à ces largesses l'on répond par de sérieux présents, mais l'idée première qui préside à tant de générosité n'en demeure pas moins hautement appréciable.

Le Gouverneur de Taborah, Abdallah-ben-Nassib, et son frère, le Bana Cheik, se font remarquer par leur empressement, leur affabilité, leur cordiale hospitalité envers les Blancs qui passent chez eux, et leur appui moral, je l'ai déjà indiqué, constitue pour les caravanes la plus solide et la plus sérieuse des protections.

Il y a toutefois un point noir à l'horizon de cet Eden,

c'est le voisinage gênant de Mirambo et de son complice ès-vols et assassinats, le Nioungou ; de ce dernier, je ne parlerai pas, car ce qui est vrai pour Mirambo l'est aussi pour son vassal, qui, plus faible comme potentat, n'en est pas moins féroce comme bandit.

Mirambo est aujourd'hui l'ennemi juré des Arabes. Il n'en a pas toujours été ainsi, mais diverses circonstances ont amené cet antagonisme, bientôt envenimé par de violentes rancunes et des haines sanglantes.

Mirambo était le fils d'un petit sultan de l'Ougoua ; il débuta par être chef de caravane au service des Arabes, avec qui son père entretenait d'excellentes relations. Un beau jour, revenant de la côte à la tête d'un fort convoi de marchandises destiné à ses patrons, Mirambo trouva ingénieux de s'approprier ces richesses, et il voulut devenir maître à son tour.

« Le premier conquérant fut un heureux voleur », dit-on, et Mirambo prouva qu'en cela il était de pure race : il suivit la pente fatale où glissent les ambitions démesurées, et, de chef de caravane devenu voleur,. il se fit bandit ; de là à être empereur nègre il n'y avait qu'un pas ; il le franchit : de pillages en assassinats il escalada successivement les divers échelons de la grandeur, de la richesse et du pouvoir.

Aujourd'hui son empire de l'Ounyamouési est solidement assis ; diplomate autant que conquérant, Mirambo entretient avec Zanzibar d'excellentes relations que ne compromettent nullement ses crimes et ses déprédations : pour les excuser on trouve toujours des circonstances atténuantes et, au besoin, l'on invoque la raison d'État ; ce bandit joue si bien le jeu de certaines ambitions cachées !

Mirambo est, d'ailleurs, doué d'un grand esprit pratique ; il a noué avec la côte un sérieux trafic d'ivoire provenant généralement de ses vols et de ses rapines ; en outre, une des branches les plus importantes de son commerce c'est la traite des noirs : de nombreuses caravanes quittent fréquemment l'Ounyamouési traînant après elles les infortunées peuplades réduites sous le joug par les Rougas-Rougas ; ces convois se dirigent au nord, évitant ainsi la route ordinaire, et les esclaves sont vendus soit dans la région du Nil inférieur, soit sur divers points du littoral de l'Océan Indien.

Il y a loin de ces atrocités à la conduite correcte des Arabes envers leurs travailleurs : on parle sans cesse du trafic de chair humaine, des razzias, des monstruosités auxquelles donne lieu ce honteux commerce, et il est de bonne politique de tomber à ce sujet sur le dos des Arabes et de les signaler à l'indignation du monde civilisé comme étant d'infâmes marchands d'hommes. C'est là égarer l'opinion publique : s'il existe dans l'Afrique centrale un vil négrier dont les cruautés laissent loin derrière elles la conduite des plus féroces Métis, c'est certes Mirambo, ce roi bandit qui, au vu et au su de chacun, pratique la traite avec tout son déploiement d'horreurs et s'en fait une gloire en même temps qu'une source importante de richesses.

Et, en dépit de ces abominables attentats, Mirambo, je l'ai signalé, est très-bien vu, voire même choyé à Zanzibar, où l'on traite avec lui de puissance à puissance ; Saïd-Bargash, qui au fond le déteste, n'est pas autorisé à lui témoigner sa haine, encore moins à entreprendre quoi que ce soit contre lui ; Mirambo, parfaitement au courant de cette situation, l'exploite adroitement à son profit : il envoie des présents au consul anglais, qui, en retour, lui envoie des fusils.

A Taborah, en mai 1880, il n'était bruit que de certains canons que le docteur Kirk avait envoyés au Bonaparte africain; celui-ci n'a peut-être pas su s'en servir, mais il en tirait grande vanité, et ces marques de sympathie d'une puissance européenne envers ce détrousseur de caravanes ne laissent pas que de donner à Mirambo un prestige très-grand aux yeux des chefs nègres voisins.

J'ajouterai que les bandits de son royaume sont tous armés d'excellents fusils venus de Zanzibar, et que lui-même possède une carabine Winchester à répétition, dont il se sert pour donner le signal d'attaque dans ses entreprises guerrières.

Lorsqu'en juillet 1880 nous nous repliâmes sur Taborah après le massacre de Pimboué, nous rencontrâmes huit hommes de Matumala que Mirambo expédiait à la côte avec de colossales défenses d'éléphant destinées au Consul anglais ; les petits cadeaux entretiennent l'amitié, et malheureusement la funeste politique de Zanzibar a besoin de l'amitié de ces bandits pour tenir en échec l'influence arabe et pour paralyser ainsi les efforts européens en Afrique.

Ce jeu est dangereux, et l'on a vu deux Anglais, Carter et Cadenhead, en devenir eux-mêmes les victimes ; il est vrai qu'à Pimboué, trompé par le drapeau tricolore, que les voyageurs avaient arboré en l'honneur du roi Léopold, Mirambo a cru tuer deux Français ou deux Belges.

Sa maladresse lui aura coûté de vertes remontrances ; on lui aura certainement dit : « Vous avez mal agi, ne le faites plus » ; mais la leçon s'est bornée là ; l'assassin a pu jouir en paix du produit de son crime et rien n'a été changé dans ses relations avec les Européens.

Il n'y a même pas eu une protestation sérieuse après cet attentat ; c'est là un fait inouï, inconcevable, et comment ne se rend-on pas compte du dommage que pareille faiblesse cause au prestige des Blancs ?

Jadis, lorsqu'un nègre avait assassiné un Européen, tous les alentours étaient plongés dans une mortelle terreur ; il semblait que la voûte du ciel allait s'entr'ouvrir pour laisser pleuvoir du feu sur les peuplades homicides ; on s'attendait à voir manquer les récoltes et mourir les nouveau-nés ; on croyait que des légions allaient sortir de terre pour venger la mort du *mousoungou* (1), et il n'était calamité que l'on ne redoutât comme conséquence d'un pareil crime. Aujourd'hui, le vol et l'assassinat se pratiquent impunément. Mirambo pille les établissements et les caravanes, assassine gaiement les Européens, puis il s'en retourne tranquillement chez lui, envoie quelques petits présents au Consul anglais de Zanzibar et continue tout régulièrement avec la côte son trafic d'ivoire et son commerce de poudre et de fusils.

Après le crime de Pimboué on s'attendait à ce que les résidents anglais en station chez Mirambo (à Ourambo et Ouyouyi) reçussent l'ordre de quitter le pays en protestant contre le plus révoltant des assassinats, mais il n'en a rien

____

(1) Homme blanc.

été ; ces messieurs ont pu contempler Mirambo revenant chez lui avec les dépouilles de Carter et de Cadenhead et les mains encore rouges de leur sang ; il y a plus : M. Suthon, le chef de la station d'Ourambo, s'est même efforcé d'excuser Mirambo, de trouver à son crime des circonstances atténuantes. Il faut lire cette plaidoirie pour comprendre jusqu'où l'on peut aller dans certaine voie : « Je connais » Mirambo depuis nombre d'années, écrit-il, et je puis » affirmer que ce crime est le résultat d'une erreur ; s'il » avait connu la présence de nos amis dans Pimboué, il » n'eût pas attaqué ce village. »

Pareille assertion tombe d'elle-même, car chacun sait qu'en Afrique, lorsqu'un homme blanc est en marche, sa présence est connue à vingt lieues à la ronde ; mais si M. Suthon entend dire par là que Mirambo ignorait que ces Blancs fussent des Anglais, alors je suis de son avis, complètement de son avis.

Pour qui a été en Afrique, c'est, d'ailleurs, chose inouïe que de voir un Européen essayer d'innocenter Mirambo, alors que de Zanzibar aux Grands Lacs le nom seul de ce bandit exprime l'assassinat, le vol, les plus criantes iniquités, alors que la vie entière de ce chef barbare n'est qu'une longue traînée de sang.

Mais il est des crimes qu'on est forcé d'excuser, afin de pouvoir expliquer certaines alliances compromettantes, et alors, au grand ébahissement de ceux qui connaissent la question à fond, on se porte garant de Mirambo, on en fait un agneau sans tache, on le présente comme une victime de la calomnie ; à blanchir pareille tête on perd sa peine et son prestige, et cette lessive ne serait que ridicule, on se contenterait d'en rire si derrière ces tentatives n'apparaissait cousue de fil blanc toute la politique anglaise dans l'Afrique centrale.

L'avenir se chargera de le prouver au détriment de ceux qui tiennent absolument à se laisser duper.

CHAPITRE VIII

Les confidences du Gouverneur arabe de Taborah.

Les Arabes de Taborah n'ont, de leur côté, plus rien à apprendre à cet égard, et il suffit de quelques heures d'entretien intime avec le Gouverneur pour se convaincre qu'il se rend parfaitement compte de la situation.

C'était après l'assassinat de Carter et de Cadenhead ; je me trouvais à Taborah avec Popelin, Vandenheuvel et Roger, et, à diverses reprises, j'eus l'occasion de m'entretenir confidentiellement avec Abdallah-ben-Nassib et avec son frère, le Bana Cheik.

Leur préoccupation dominante était de savoir si, dans nos pays d'Europe, il existe une seconde nation comme l'Angleterre, aussi forte, aussi redoutable qu'elle, car, à Zanzibar, avec ses vaisseaux de guerre et son Consul viceroi, la voisine d'outre-Manche apparaît aux Arabes et aux indigènes comme la dominatrice du monde entier. Je rassurai cependant mes hôtes et leur expliquai comme quoi il y a chez nous plus d'un peuple aussi puissant qu'Albion.

« Mais alors, disaient-ils, pourquoi lui permet-on de régner exclusivement chez nous, de peser comme une main de fer sur notre Prince Bargash ? Que venez-vous faire ici, vous qui n'êtes pas des Anglais, s'il est vrai, comme ceux-ci l'annoncent, qu'avant peu l'Afrique leur appartiendra et que nous-mêmes, Arabes, nous en serons chassés par eux ? »

A cela j'essayai de répondre en faisant observer à mes interlocuteurs qu'ils préjugeaient de l'avenir un peu à la légère, et qu'en somme l'Angleterre ne manifestait aucun sentiment hostile à leur endroit.

« C'est vrai, répliquaient-ils, on ne nous attaque pas de face ; il est, en effet, bien plus facile de nous faire combattre par d'autres, par Mirambo et par les chefs nègres auxquels, sous main, l'on fournit à Zanzibar des fusils, de la poudre et des encouragements de toute nature.

» On nous suscite ainsi des embarras, on entretient une

lutte où nous succomberons, et cette victoire n'aura coûté à l'Angleterre qu'un peu d'or et beaucoup de diplomatie.

» Croyez-vous que Mirambo fût parvenu à se tailler pareil empire? Croyez-vous qu'il eût pu édifier pareille puissance à nos portes s'il n'eût été soutenu par quelque pouvoir étranger? Croyez-vous qu'il existe un seul chef nègre, si redoutable fût-il, qui oserait nous résister à nous Arabes, s'il ne se sentait protégé d'autre part.

» Si réellement on avait voulu détruire ce brigand de Mirambo qui tue vos frères et pille vos caravanes, si aujourd'hui encore on le voulait réduire à merci, la tâche serait aisée; il suffirait de lui couper les vivres, de cesser surtout les envois de poudre et de fusils, de confisquer ses caravanes d'ivoire qui se rendent impunément à la côte; alors son peuple mécontent se soulèverait contre lui, et, quant au reste, nous nous en chargerions exclusivement. Que demain Saïd-Bargash décrète ces mesures, qu'il nous donne en même temps l'autorisation de combattre à outrance Mirambo, et de lui, de son empire, de ses légions de bandits, il ne restera bientôt plus rien.

» — Mais, interrompis-je, il me semble que cela ne regarde pas les nations d'Europe; c'est affaire entre Saïd-Bargash et vous autres.

» — Erreur; cela les regarde à plus d'un titre, et c'est même d'elles seules que tout cela dépend. Car d'abord pourquoi établir des stations chez ces assassins et donner par là à Mirambo un prestige qui double son audace et sa puissance? L'Angleterre est la seule nation dont il accueille les résidents, preuve qu'il la considère comme une alliée, et lorsqu'il commet ses crimes, ses assasinats, aucune protestation ne s'élève; les Blancs en station chez lui y restent et donnent par là à ses actes une sanction éclatante. Vous voyez donc que, pour combattre Mirambo, il nous faudrait au moins l'appui moral des Blancs. Et, d'ailleurs, il y a Saïd-Bargash !

» — Excellent Arabe, et qui vous soutient sans doute?

» — Tacitement, oui; mais, pour le reste, chacun sait qu'il est obligé d'obéir au Consul anglais, et celui-ci ne permet pas à notre Prince d'affirmer son autorité militaire sur le Continent africain. Et c'est là ce qui nous étonne : vous dites qu'il y a chez les Blancs d'Europe d'autres puissantes nations intéressées à s'établir ici ; mais alors pourquoi n'envoient-elles pas à Zanzibar des consuls assez forts pour soutenir notre Sultan, pour sauvegarder sa liberté d'action ? Elles feraient par là œuvre pratique et sage, car alors Saïd pourrait à son tour protéger efficacement leurs entreprises et leurs voyageurs. »

Une fois lancés sur ce terrain, le Gouverneur et son frère ne tarissaient plus :

« Voyez-vous, continuaient-ils, avec notre appui vous pourriez aisément réussir en Afrique. Puisque d'un côté l'Angleterre excite et protège les chefs nègres contre nous, aidez-nous, vous autres, contre les chefs nègres ; dans cette lutte vous l'emporterez. Si, jusqu'à présent, nous avons été réduits à l'impuissance, c'est qu'on nous défendait strictement de combattre ; que si, au contraire, la diplomatie européenne creusait à Zanzibar une contre-mine pour paralyser la funeste politique actuelle, pour entraver surtout le concours que d'aucuns accordent à Mirambo, alors nous resterions seuls en présence, Arabes contre Rougas-Rougas ; la lutte ainsi circonscrite aurait le résultat désiré : l'affranchissement de ces contrées, la destruction d'une race de bandits, la sécurité pour les Blancs et leurs caravanes, enfin le développement de vos efforts civilisateurs et commerciaux. Quant à nous, il sera toujours de notre intérêt de chercher à vous attirer le plus possible ici et de trafiquer avec vos pays sur la plus large échelle. »

Telles sont, en substance, les conversations qu'à diverses reprises j'eus à Taborah avec le Gouverneur et son frère ; évidemment, elles revêtaient une forme plus rude, plus hachée, et ce n'est que graduellement que ces hauts dignitaires en sont arrivés à me faire des confidences aussi catégoriques.

Ces confidences peuvent résumer l'étude que j'ai entreprise au sujet de la position des Arabes dans l'Afrique centrale ; elles indiquent et la situation présente et les conséquences qui en découlent ; elles montrent certains moyens à employer pour sauver l'œuvre que l'on a entreprise en Afrique.

Pour cela, il importe d'abord que les nations européennes

maintiennent énergiquement l'indépendance du sultan Saïd-Bargash, indépendance sérieusement menacée et qui tend à disparaître bientôt; il faut que les résidents étrangers accrédités auprès du Prince combattent la politique détestable qui règne à Zanzibar et qui consiste à déchaîner l'élément nègre-bandit contre l'influence arabe; il faut qu'on se décide à certains changements dans la ligne de conduite à suivre, et qu'envisageant les difficultés dont nous ne pouvons triompher par nous-mêmes, l'on se décide à recourir aux Arabes, voyageurs pratiques, à la fois travailleurs et soldats.

En effet, dans cette étude nous les avons rencontrés partout où nous nourrissons l'espoir de nous établir nous-mêmes, et partout nous avons pu remarquer que leur influence est favorable à l'agriculture, au développement du commerce, voire aux idées civilisatrices; ils sont le trait d'union entre le nègre sauvage et l'Européen civilisé; dans notre lutte contre la barbarie ils sont donc nos alliés naturels. Connaissant leurs aspirations, nous saurons ménager leurs susceptibilités; nous avons vu quelle est leur puissance et de quelles forces ils peuvent disposer; une alliance avec eux nous rendrait donc les plus grands services, tant au point de vue trafiquant pour ménager l'avenir qu'au point de vue militaire pour protéger le présent.

TABLE

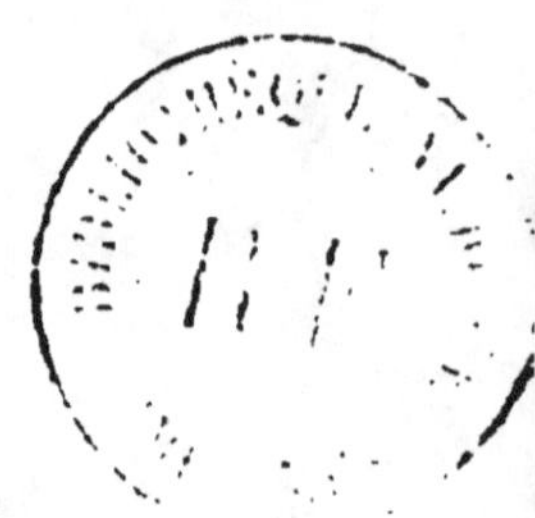

Paris. — Imp. Balitout et Cᵉ, 7, rue Baillif.